ÉLOGE

DE

J.-H. MAGNE

Membre Fondateur de la Société, ancien Directeur de l'École d'Alfort,
Membre de l'Académie de Médecine et de la Société nationale
d'Agriculture, etc.

PAR

CAMILLE LEBLANC

Secrétaire-général de la Société centrale
de médecine vétérinaire

PARIS
TYPOGRAPHIE & LITHOGRAPHIE A. MAULDE & Cie
144, RUE DE RIVOLI, 144

1888

ÉLOGE

DE

J.-H. MAGNE

Membre Fondateur de la Société, ancien Directeur de l'École d'Alfort, Membre de l'Académie de Médecine et de la Société nationale d'Agriculture, etc.

PAR

Camille LEBLANC
Secrétaire-général de la Société centrale de médecine vétérinaire

M. LEBLANC, Secrétaire général,

Messieurs,

C'est la première fois que ma fonction de Secrétaire général m'appelle à faire devant vous l'éloge d'un Membre de votre Compagnie. Votre Bureau a tenu à conserver la tradition consacrée, qui veut que cet hommage rendu à nos Collègues disparus leur soit décerné à l'occasion d'un des concours bisannuels créés par nos prédécesseurs. Nous avons été nommés pour continuer leur œuvre, et nous n'y manquerons pas tant que votre appui ne nous fera pas défaut. Je ne me dissimule pas la difficulté de ma mission. Lorsqu'à titre d'auditeur j'entendais mon maître et ami Henry Bouley retracer devant nous tous, ses élèves et ses admirateurs, la vie et les travaux d'un éminent Collègue, je pouvais croire la tâche facile. Lequel des membres de notre Société a pu oublier son style élégant, son élocution brillante et ses ingénieuses appréciations ; il savait mettre en lumière les qualités et faire valoir les travaux de celui dont il vous retraçait l'existence ; non seulement il a loué devant vous ceux qui avaient été ses collaborateurs et ses amis, mais encore il a su rendre justice à ceux qui avaient pu, dans certains moments, être ses adversaires ; pour ma part, je n'oublierai jamais les pages qu'il a consacrées à perpétuer le souvenir de mon père, et ma reconnaissance envers lui sera éternelle. Notre prédécesseur avait le rare don de savoir émailler un sujet quelquefois aride par le récit d'anecdotes choisies avec discernement ; il était si heureusement doué qu'on ne pouvait, en l'écoutant, trouver la trace des efforts qu'il avait dû faire pour atteindre si sûrement le but de son travail.

Quand j'ai relu les nombreux éloges qu'il a prononcés devant vous, j'ai été pris d'un profond découragement. Le sentiment du devoir à accomplir et le désir de rendre justice à l'un de mes anciens professeurs m'en ont seuls fait triompher. J'ai compté aussi, Messieurs, sur votre indulgence en vous priant de tenir compte d'un triste penchant qui me porte plutôt à critiquer qu'à louer, penchant néfaste dont je parviens difficilement à triompher et qui augmente encore les difficultés de ma position.

Magne, le Collègue dont je vais essayer de vous faire

le panégyrique, fut avec Henry Bouley l'un des fondateurs de notre Société; tous deux ont disparu, la même année, en laissant parmi nous un vide difficile à combler. Lors des obsèques de notre regretté Secrétaire général, un juste tribut d'éloges lui a été décerné en votre nom et au nom des nombreuses Sociétés savantes dont il faisait partie.

L'année 1889 verra s'élever sa statue à côté de celle de Bourgelat, dans l'enceinte de cette École d'Alfort, sur laquelle il a jeté un si grand éclat; c'est à cette date que le mandataire de votre Compagnie rendra hommage à celui qui pendant quarante-deux ans fut son Secrétaire général et qui, plus que tout autre, l'a fait ce qu'elle est en réalité, le centre scientifique de la vétérinaire.

Magne, aussi modeste après sa mort que pendant sa vie, avait pris des dispositions que sa famille a scrupuleusement respectées.

Refusant les honneurs que n'auraient pas manqué de lui rendre ses amis, ses confrères et ses collègues, membres des nombreuses Sociétés qui l'avaient choisi, il voulut qu'aucun d'eux ne fût prévenu et que son convoi restât simple et sans pompe officielle. Il s'était éteint près de Paris, à Corbeil, et il a voulu reposer dans son modeste village, à Aubeterre, au fond de l'Aveyron. C'est un motif de plus pour nous, Messieurs, qui n'avons pu par notre présence prouver l'affection respectueuse que nous ressentions tous pour notre Collègue, c'est un motif, dis-je, de ne pas laisser sa mémoire dans l'oubli. Quelque peu digne de lui que soit mon travail, son insertion dans nos annales prouvera que nous avons tenu à le mettre sur le même rang que les Renault, les Delafond, les Barthélemy et autres professeurs qui ont fait partie de notre Société et dont vous avez consacré la mémoire.

Déjà, à l'Académie de médecine, H. Bouley, presque au bord de la tombe, avait lu, dans la séance du 15 septembre 1885, une Notice sur la vie et sur les œuvres de Magne ; c'est la dernière fois qu'il prit la parole devant cette savante Assemblée, et ce fut pour remplir un devoir professionnel. M. Louis Passy, Secrétaire général de la Société nationale d'agriculture, a prononcé, devant cette Compagnie, dans la séance du 11 novembre 1885, l'éloge de son regretté collègue avec son talent et sa compétence bien connus.

Je tiens à dire que la lecture de ces deux Notices m'a été d'un grand secours et a facilité ma tâche ; grâce à la communication des notes et des carnets de voyage laissés par Magne à ses fils et qu'ils ont eu la bonté de me confier, j'ai pu me pénétrer de ses idées et apprécier son mode de travail. Qu'ils acceptent ici mes sincères remerciements.

Jean-Henry Magne est né à Sauveterre (Aveyron), le 26 messidor an XII (15 juillet 1804). Son père, percepteur à la Camboulazet, l'avait placé auprès d'un de ses amis nommé Routaboul, propriétaire à Noguiez, lequel, ayant quelques notions de latin, lui servit de premier maître ; puis il continua l'étude des langues mortes chez le maître d'école de Sauveterre, qui bientôt abandonna cette profession pour cultiver avec son père le domaine de Cayrac. Magne l'y suivit, et l'on peut admettre sans crainte d'erreur qu'il commença dès cette époque à prendre auprès de son second maître le goût de l'agriculture sans cesser ses études littéraires. Ce fut au collège de Rodez qu'il acheva son éducation, mais elle ne fut pas poussée jusqu'aux dernières limites. On peut dire que sa vocation fut décidée dans un séjour qu'il fit à Villefranche chez un de ses frères, lequel avait pour voisin un maréchal se disant ancien vétérinaire militaire.

A cette époque, bien des maréchaux, ayant servi sous l'Empire dans l'armée, ne s'en faisaient pas faute. Pendant les longues guerres qui ont signalé le début du XIXe siècle, le vétérinaire de régiment faisait parfois défaut et le recrutement était difficile ; on établissait peu de distinction entre lui et le chef maréchal, qui, bien souvent, le remplaçait sans avoir même le diplôme du premier degré.

Pour nous, qui avons vu en 1848 la position difficile et mal définie qu'occupaient à cette époque nos confrères de l'armée, nous pouvons préjuger de celle qui leur était réservée dans les régiments en 1823, et nous devons nous féliciter de voir aujourd'hui leur situation si changée à leur grand avantage. Ils le doivent à leurs travaux et à leur conduite, qui leur a acquis l'estime de leurs chefs ; tout fait espérer qu'ils verront, dans un bref délai, réaliser les vœux tendant à une nouvelle amélioration dans leur situation.

C'est chez ce pseudo-vétérinaire, en réalité maréchal-ferrant, que Magne apprit à forger, condition indispensable pour se présenter aux examens d'entrée dans une École vétérinaire, projet qu'il réalisa en 1824. C'est l'École de Lyon qu'il choisit, et il y fut reçu à cette date. Malgré l'interruption de ses études classiques, il y prit bientôt le premier rang, et, durant ses quatre années de séjour, il obtint le premier prix de son cours. Ce résultat était dû à un labeur incessant et à cette application consciencieuse dont il a fait preuve toute sa vie.

Tous ses élèves ont pu apprécier ces qualités dans les Écoles de Lyon et d'Alfort pendant les quarante-deux années, de 1829 à 1871, consacrées à leur instruction.

Cependant, au mois d'octobre 1826, la maladie l'avait empêché de rentrer à l'École, ainsi qu'il résulte d'une lettre d'un de ses condisciples, nommé Belliol, qui le mettait au courant de certains changements survenus dans le règlement de l'École de Lyon, et qui se félicitait de l'adoucissement apporté aux prescriptions disciplinaires, jugées par lui comme trop rigides. C'est, du reste, ainsi que les élèves ont de tout temps, même du mien, apprécié les règlements, et il en sera longtemps encore de même ; ce qui est plus rare, c'est de voir le condisciple de Magne rendre hommage à l'impartialité de son directeur Raynard, et même faire son éloge.

En août 1828, Magne sortit de l'École de Lyon avec son diplôme de vétérinaire ; pour lui, comme pour beaucoup d'autres, se posait la question d'en tirer parti. Il tenta la fortune en se fixant à Sauveterre, son pays natal. Au début, sa clientèle devait être fort restreinte, car, tout en s'y consacrant, il put gérer pendant quelques mois le bureau de poste en l'absence de sa belle-sœur, qui en était directrice et qui avait été forcée d'accompagner à Montpellier son mari gravement malade.

Au retour de son frère, Magne constata qu'il avait peu d'espoir de se créer une clientèle, même peu fructueuse, dans son village, et il sollicita un emploi de vétérinaire militaire.

Le 19 février 1829, il entrait, en qualité de vétérinaire en second, au 3e régiment de dragons, qui tenait garnison à Sarreguemines. Son vétérinaire en premier était un ancien maréchal-ferrant qui avait fait les campagnes de l'Empire, et, d'après les notes de notre confrère, l'instruction de son chef direct laissait beaucoup à désirer. Cette subordination et l'infériorité de la position, qui était alors l'apanage des vétérinaires militaires, n'étaient pas faites pour encourager un jeune homme ayant fait des études et ayant conscience de sa valeur à persévérer dans la voie qu'il avait prise faute d'en trouver d'autre. Il devait désirer un autre emploi de ses facultés; aussi s'empressa-t-il de se présenter, le 15 mai 1829, comme candidat à l'une des deux places de chef de service déclarées vacantes à l'École de Lyon; il fut reçu après concours et attaché en cette qualité à la chaire de physique, chimie, botanique, matière médicale et jurisprudence dont Bernard, simple professeur adjoint, était alors chargé. Si les appointements étaient maigres, le champ d'étude était vaste. Magne pouvait faire son choix, et on verra que la botanique eut ses préférences.

2

En 1833, Bernard, qui fut un homme éminent quoique peu connu de la génération actuelle, concourut pour une chaire vacante à l'École de Toulouse, et il y fut nommé professeur de clinique ; c'est lui qui, en janvier 1838, fonda avec ses collègues de l'École le Journal des Vétérinaires du Midi et qui, devenu directeur, rendit de grands services à la médecine vétérinaire ; son *Guide* des vendeurs et acheteurs d'animaux domestiques ou instruction simple sur les vices rédhibitoires, d'après la nouvelle loi du 20 mai 1838, a été un des ouvrages les plus utiles et les plus pratiques qu'on ait publié sur la jurisprudence.

Magne se présenta au concours ouvert pour cette place de professeur adjoint ; il avait pour concurrents Lecoq, Vogeli et Brédin fils, c'est avec peine qu'il triompha du premier qui, depuis, fut directeur de l'École de Lyon et inspecteur général des Écoles vétérinaires. Pendant cinq années Magne resta professeur adjoint attaché à cette chaire, dont je vous ai fait connaître le développement quelque peu extraordinaire. En 1837, la mort de Grognier, son compatriote, laissa vacante une nouvelle chaire dite de botanique et d'hygiène, comprenant aussi le cours d'amélioration et de multiplication des animaux domestiques ; il paraît qu'on s'était décidé à séparer la botanique de la chimie et à l'adjoindre à l'hygiène, c'était un progrès. Le concours fut ouvert à Lyon le 2 avril 1838 ; le programme comportait six leçons sur l'hygiène vétérinaire, sur l'éducation ou l'élève des animaux domestiques, sur la jurisprudence commerciale vétérinaire, sur l'anatomie et la physiologie, sur la physique, la chimie, la botanique et la matière médicale, enfin sur la pathologie, la thérapeutique et la police sanitaire.

En outre, les candidats devaient rédiger un Mémoire sur l'une des spécialités de la chaire, subir une argumentation sur l'hygiène, l'élève des animaux domestiques et les lois, usages et coutumes suivis dans le commerce, sans compter un exercice pratique sur la chirurgie et sur la ferrure. On ne voit guère ce qui manquait dans ce programme pour permettre au candidat heureux d'être apte à remplir une chaire quelconque dans une école vétérinaire.

Magne comptait au nombre de ses concurrents trois chefs de service de l'École : Bredin fils, Henry Rodet et Rey; la grande majorité des suffrages se porta sur lui, et il fut nommé professeur titulaire d'hygiène. Sa voie était enfin trouvée et, lorsqu'en 1843, il fut appelé à Alfort pour remplacer Rodet, malade, et pour professer la botanique, l'agriculture, l'hygiène générale et l'hygiène appliquée, il n'eut qu'à la suivre. Comme le disait H. Bouley dans sa chronique de novembre 1843 : « On ne peut que « se féliciter du choix fait par le Ministre. Vétérinaire « distingué et versé dans l'étude des sciences agrono- « miques, homme de connaissances spéciales incontes- « tées, M. Magne réunit toutes les conditions nécessai- « res pour s'acquitter dignement des fonctions diffici- « les dont il est chargé. Il n'y a eu à cet égard qu'une « seule voix aussi bien dans le monde vétérinaire que « dans le public, et nous sommes heureux de le con- « stater. » Cette opinion a été bien justifiée. Nous, ses élèves et ses collègues, avons pu apprécier son zèle et son savoir durant les dix-neuf années de 1843 à 1861, pendant lesquelles il a occupé, à Alfort, la chaire d'hygiène. En 1861, la mort de Delafond, mort prématurée et bien regrettable, rendit vacante la direction d'Alfort; c'est Magne qui le remplaça tout en restant chargé du cours de zootechnie, nouvelle dénomination de l'hygiène appliquée. Jusqu'en 1871, il remplit cette fonction peu enviable et à cette époque il prit sa retraite; vous l'avez vu depuis parmi vous toujours assidu à vos séances et prenant part à vos travaux jusqu'au jour où la maladie est venue le frapper dans sa laborieuse retraite. Son état s'étant aggravé, il dut quitter Paris et se retirer à Corbeil où la mort l'a frappé.

Telle fut la carrière de Magne, carrière uniquement consacrée à l'enseignement et qu'il a honorée à tous les points de vue : travail, droiture, justice et intégrité. Il fut l'homme du devoir et il a honoré notre profession. Les distinctions qu'il a méritées en dehors de toute brigue et qui sont venues le chercher furent nombreuses; membre de la commission d'hygiène hippique, président de votre Société en 1855, il fut nommé membre de l'Académie de médecine en 1863, et en 1862 la Société nationale d'agriculture l'avait choisi comme membre titulaire. Partout il sut tenir sa place et honorer le titre de vétérinaire, dont il s'est glorifié en toute occasion, tandis que tant d'autres une fois arrivés ont oublié d'en faire mention. Cette profession, objet de son libre choix, lui a toujours été chère et jamais aucun confrère n'a pu trouver sa bienveillance en défaut, quand il a réclamé son appui. Si on pouvait penser qu'une qualité poussée à l'excès est parfois un défaut, on pourrait dire sans offenser sa mémoire que parfois sa bonté a été extrême et souvent mal récompensée, alors qu'on la prenait pour de la faiblesse ; mais il vaut mieux pécher par une trop grande indulgence que par une rigueur extrême. C'est le jugement que porteront avec moi les élèves qui ont pu abuser des qualités de leur directeur et qui doivent aujourd'hui en faire leur *meâ culpâ.*

Magne a publié de nombreux et importants ouvrages se rattachant presque tous aux branches de la vétérinaire qu'il a été chargé de professer à Lyon et à Alfort. Les principaux, qui ont eu plusieurs éditions, sont restés classiques ; mais avant de les faire paraître il préluda par de longues études, dont j'ai pu retrouver la trace dans ses carnets et dans ses notes. En les parcourant, on peut aisément se rendre compte de la persévérance et de la conscience avec lesquelles il creusait tout d'abord les sujets qu'il avait l'intention de traiter. De 1834 à 1857, il a parcouru les diverses provinces de la France et l'étranger, étudiant les diverses races d'animaux domestiques, les modes de culture et notant au jour le jour toutes les observations pouvant augmenter ses connaissances au point de vue de l'hygiène et de l'amélioration des animaux domestiques.

En 1838, durant une partie des vacances, il parcourait les départements de l'Ain, du Jura et du Doubs ; son attention se porta spécialement sur l'organisation des fruitières ; il signale les obstacles que rencontrent les promoteurs de ces associations, les contestations si fréquentes s'élevant entre leurs adhérents et la difficulté de constater les fraudes; il ne néglige pas tout ce qui concerne l'élevage du bétail et du cheval. En janvier 1839, il constate l'existence de la péripneumonie à Vacqueroy et, en juillet de la même année, les ravages causés dans la commune d'Amblepuys par la fièvre aphteuse. En 1840, le but de ses excursions est le Charollais et en 1841 l'Auvergne; dans la première de ces provinces il étudie le sang de rate, dans la seconde le rouget, dénommé aussi carbon, mal rouge, rougeole, villain, etc. Cette même année le voit en Angleterre, où grâce, à l'obligeance d'Ernes, vétérinaire belge, établi à Londres et devenu son interprète, il visite les vacheries de la capitale, le collège vétérinaire ainsi que les établissements de Field et autres vétérinaires ; pendant son voyage dans les comtés anglais, principaux centres d'élevage, son attention est fixée sur les races bovine et ovine, ainsi que sur les instruments aratoires. Son carnet est rempli de notes intéressantes prouvant l'impression faite sur son esprit dans le cours de ce voyage.

En 1845, nous le voyons visiter le Poitou, la Vendée, étudiant les races de chevaux, les mulets et les bœufs de Cholet; il a pour guides des vétérinaires heureux de lui montrer les productions de leur pays, entre autres Ayrault, Ardouin, etc. Son retour s'effectue par la Bretagne, le Perche et la Normandie; aucun détail n'échappe à ses investigations, et on voit avec quel bonheur il accumule sur son carnet les observations multiples dont il fera plus tard son profit.

En 1846, Magne commence par Provins pour gagner la Champagne, l'Alsace et la Lorraine; en 1847, il consacre ses vacances à visiter la Sologne, le Blaisois, la Touraine, le Maine et la partie du Perche qu'il a laissée de côté dans une précédente excursion. Chaque année, jusqu'en 1857, notre confrère a parcouru la France depuis les Pyrénées jusqu'aux frontières du Nord et de l'Est, continuant à recueillir des notes et à augmenter ses connaissances pratiques.

J'ai cru devoir, Messieurs, au risque de fatiguer votre bienveillante attention, insister sur cette partie de la vie de Magne, pour vous faire connaître avec quelle persévérance et avec quelle activité il consacrait les loisirs que lui laissaient ses fonctions à recueillir et à classer les nombreux documents, qui ont servi de base à ses ouvrages. C'est en voyant par lui-même, en étudiant dans leurs pays de production ou d'élevage les espèces et les races diverses, dont il devait faire l'histoire qu'il s'est préparé à écrire ses livres sur l'hygiène et sur l'amélioration des animaux domestiques.

Il faisait vraiment œuvre de praticien avant d'arriver à la théorie; consultant partout où il avait quelque chance d'obtenir un renseignement utile, non seulement ses confrères, mais encore les agriculteurs, les marchands et jusqu'aux plus humbles serviteurs de la ferme il a pu accumuler dans ses carnets cette masse de matériaux qu'il a classés ensuite pour le plus grand profit des élèves de nos Écoles.

Dès 1834, Magne commença à publier des Notices sur divers sujets; je citerai en premier lieu des considérations sur les organes digestifs des herbivores et sur les règles à suivre pour prévenir les indigestions (1), puis un rapport sur l'épizootie de fièvre aphteuse qui régnait dans le canton de Thizy (2), et un Mémoire sur les perfectionnements de l'agriculture et sur l'amélioration des animaux (3), tous trois insérés dans les *Annales de la Société d'agriculture de Lyon.*

On doit à notre confrère la traduction d'opuscules traitant des questions agricoles et entre autres celle d'un travail de lord Spencer, président de la Société royale d'agriculture d'Angleterre, sur le choix des animaux reproducteurs. Ce savant agriculteur indique les précautions qu'il faut prendre dans le choix des animaux mâles qu'on veut employer à la reproduction. Il combat l'opinion tendant à conseiller l'emploi de femelles plus grandes ou aussi grandes que les mâles; la méthode inverse lui a parfois donné de très bons résultats (4). Je passe sous silence d'autres Notices ou Mémoires publiés avant 1842 pour vous parler du premier ouvrage important dû à la plume de notre regretté collègue; c'est à cette date (1842) que parurent les *Principes d'hygiène vétérinaire* ou règles d'après lesquelles on doit entretenir et gouverner les animaux domestiques, cultiver les fourrages, soigner les prairies, etc. Ce traité, publié à Lyon, fut, l'année suivante

(1) *Annales de la Société d'agriculture de Lyon*, 1834.
(2) *Annales de la Société d'agriculture de Lyon*, 1839.
(3) *Annales de la Société d'agriculture de Lyon*, 1841.
(4) *Journal d'agriculture pratique*, 1840-1841.

(1843), traduit en allemand par Fuchs et réimprimé, en 1845, à Paris, sous le titre de *Principes généraux d'agriculture et d'hygiène*. Une troisième édition comprenant trois volumes parut en 1859; dans le premier, l'auteur traitait de l'agrologie et de la climatologie; dans le second, de l'agriculture pratique, et, dans le troisième, de l'hygiène vétérinaire générale. La quatrième édition, qui parut en 1879, est due à la collaboration de l'auteur et de notre savant collègue M. Baillet, tout dernièrement encore directeur de l'École de Toulouse.

Le rôle de Magne a été prépondérant au point de vue de l'étude de l'hygiène et de sa vulgarisation. Pour bien l'apprécier, il faut se reporter à l'époque où parut la première édition de son *Traité d'hygiène;* cette science si importante n'avait pas de cadres bien définis et les principes manquaient absolument de fixité; il a fallu les créer et réunir en un faisceau les notions dispersées qu'on possédait sur l'hygiène vétérinaire et sur les moyens d'améliorer les animaux domestiques. Ce fut la tâche que Magne s'était donné le devoir de remplir, et personne n'était plus digne d'atteindre ce but; il avait fait une étude approfondie des ouvrages publiés par les auteurs français et étrangers; par lui-même, avec une constance inébranlable, il avait vu et étudié les espèces et les modes de culture; rien ne lui manquait donc pour réunir en un corps de doctrine tous les matériaux accumulés par ses devanciers et par lui; telle était, du reste, sa pensée que je retrouve dans ses notes.

« Je me suis attaché, dit-il, à démontrer les rap-
« ports qui doivent exister entre l'agriculture, la
« production des animaux, la composition des terrains
« et les phénomènes météorologiques. »

D'après ses idées, l'hygiène vétérinaire est la science qui traite des moyens d'entretenir et de gouverner les animaux domestiques de la manière la plus avantageuse pour leurs propriétaires; son champ est vaste; si par son but elle se rapproche de l'économie rurale, elle a aussi des rapports intimes avec la médecine proprement dite, avec l'étiolegie et avec la thérapeutique, sans omettre les sciences physiques et l'histoire naturelle.

Pour étudier les maladies et surtout pour les prévenir, son importance ne peut être discutée; aussi l'auteur des *Principes d'hygiène* ne manque-t-il pas de la faire valoir. S'il eût vécu plus longtemps, il eût été fier de voir le rang conquis par sa science favorite. Les découvertes modernes ont prouvé que la plupart des maladies contagieuses ne sont redoutables que pour les individus possédant la prédisposition. Or, quelle est la science capable de combattre ce facteur qu'on invoque sans cesse à l'heure actuelle, l'hygiène seule.

En fixant ses principes au point de vue vétérinaire, Magne nous a rendu un éminent service, et personne parmi les savants n'a songé à contester sa réalité. Magne a été à la fois praticien et théoricien; il ne s'est pas borné à exposer clairement les règles de la science qu'il professait, il a tenu à donner les motifs de ses prescriptions.

« Rien n'est absolu en médecine, dit-il dans la pré-
« face de sa première édition, et il est bien rare qu'il
« se présente deux individus qu'on doive, rigoureuse-
« ment parlant, entretenir de la même manière. Nous
« regardons, pour ces motifs, les données théoriques
« comme aussi utiles que les règles d'application;
« l'homme qui, grâce à son savoir, n'a pas besoin des
« premières, en sait assez pour se passer des secondes,
« et celui qui ne comprend pas les motifs expliquant
« les soins réclamés par les animaux croira difficilement
« à l'utilité des précautions souvent minutieuses récla-
« mées par la science; s'il les pratique une fois, il le
« fera sans intelligence; elles ne donneront aucun
« résultat, et il les proclamera futiles et ruineuses. »

Donc, pour réussir, son avis était qu'on devait joindre la théorie à la pratique, et il en donnait l'exemple.

La première édition de *l'Hygiène vétérinaire* renferme une classification bien établie des matières qui y sont traitées: elle a, du reste, été maintenue dans les autres éditions, qui ont subi certaines autres modifications ou adjonctions.

L'ouvrage est divisé en six classes:

1° Les *circumfusa* ou règles de l'hygiène relatives aux objets qui environnent les animaux; dans le premier chapitre, l'auteur étudie le sol, l'atmosphère, les climats, les saisons et les moyens de désinfection. L'influence des terrains sur la production des animaux et sur la division de l'industrie zootechnique y est traitée avec grand soin; certaines contrées sont propres à faire naître et d'autres à élever les animaux pour les livrer ensuite au commerce et à l'industrie. Cette division du travail que la nature du sol, l'altitude des lieux, le climat, l'abondance ou la rareté de l'eau avaient imposée empiriquement aux éleveurs a été confirmée par la science et par le raisonnement.

Il est donc d'une importance extrême de bien étudier toutes ces conditions et tel est le but du chapitre I, traitant des circumfusa.

2° Les *digesta* ou substances alimentaires que les animaux soumettent, pour se nourrir, à l'action du tube digestif, rentrent dans la seconde classe du traité d'hygiène; les chapitres qui leur sont consacrés sont les plus intéressants de cet ouvrage; après avoir traité des aliments en général, l'auteur passe en revue les substances solides et liquides, foin, paille, grains, racines, résidus alimentaires, condiments et boissons; il étudie la préparation de ces substances, leur valeur nutritive et la fixation des rations; Magne considérait l'alimentation comme la partie la plus importante de l'hygiène des animaux; il s'en est occupé avec une prédilection marquée, alors qu'il étudiait la culture des plantes fourragères et qu'il indiquait l'ordre dans lequel on devait les semer pour donner dans chaque saison, aux animaux, une nourriture appropriée : il a insisté aussi sur la manière de préparer les aliments et sur les règles présidant à leur administration; son attention s'est également fixée sur la composition des rations variant suivant qu'elles doivent être distribuées aux femelles suitées, aux jeunes animaux, aux bêtes de travail, ou à celles qui sont à l'engrais.

3° Les *applicata* forment la troisième classe, qui traite du pansage, des soins de propreté, des harnais, ainsi que des parasites, entozoaires ou ectozoaires, qui peuvent avoir une influence néfaste sur la santé des animaux.

Dans la quatrième classe, les *gesta*, nous trouvons des chapitres consacrés à l'influence qu'exerce sur l'économie le repos et l'exercice ; l'auteur y passe en revue les diverses allures ou mouvements, tout en s'occupant des soins à donner aux animaux de travail et de la manière de les utiliser.

La cinquième classe, les *excreta*, comprend l'étude des sécrétions et des excrétions normales.

La sixième, les *percepta*, s'occupe des sensations agréables ou pénibles que peuvent ressentir les animaux domestiques ; elle comprend un chapitre consacré à l'influence de la douceur et aux effets de la brutalité ou des mauvais traitements qu'on leur fait subir. Au point de vue de l'hygiène, il apprécie la protection envers les animaux et il démontre l'intérêt qu'ont les industriels et les cultivateurs à voir appliquer la loi Grammont. Dans le *Journal d'Agriculture pratique* (novembre 1846), il a publié un article sur ce sujet, en faisant connaître les progrès de la Société protectrice de Londres et les heureux résultats qu'elle a obtenus.

Tel est le cadre du premier traité d'hygiène où ma génération a puisé son instruction ; en parcourant les éditions successives qui ont paru jusqu'à nos jours, on peut se convaincre qu'il n'a pas subi de notables modifications. Notre Maître, en condensant dans ce livre resté classique le résultat de ses études, a donc bâti une œuvre solide; comme l'a dit un de nos jeunes collègues, son brillant successeur, dans la chaire de zootechnie : « Magne peut être comparé au grand-père qui, « loin de verser des larmes de dépit, en voyant ses en- « fants lui survivre, pleure au contraire d'attendrisse- « ment et se félicite de les avoir engendrés si robustes « et si entreprenants. » Ecrivain sage et consciencieux, notre ancien professeur a tenu compte des travaux de ses devanciers et il les a toujours cités avec éloges; jamais il n'a traité une question sans l'avoir étudiée sous toutes ses faces et sans avoir mûrement pesé les opinions contraires à la sienne : on a pu changer, depuis 1842, certains termes scientifiques; on n'a pas touché aux bases de l'hygiène telles que Magne les a établies dans son premier ouvrage.

En 1844, parurent les deux volumes de l'*Hygiène vétérinaire appliquée ;* c'était le complément du premier ouvrage, dont nous venons de vous donner un bref aperçu. Le but de l'auteur était de contribuer au progrès de la science en faisant connaître les règles d'après lesquelles il faut entretenir, multiplier, élever et dresser les animaux domestiques; déjà en 1839, il avait préludé à cette étude en plaçant en tête de la deuxième édition du traité publié par Grognier, sur la multiplication des animaux domestiques, une introduction et ajouté un chapitre traitant de la production et de l'engraissement du porc.

Le *Traité d'hygiène appliquée* eut deux autres éditions, l'une parue en 1857, et l'autre en 1876, divisée en quatre volumes.

Dans la première partie de son ouvrage, qui traite de l'amélioration des animaux, Magne divise son sujet en trois chapitres. Le premier est consacré à la définition, à l'importance et au choix des améliorations. « Améliorer les races, dit-il, c'est les modifier dans le « but d'augmenter leur utilité sans accroître dans le « même rapport les frais de production et d'entretien, « c'est leur communiquer des formes, des aptitudes, « des qualités qui n'existent pas à l'état sauvage et faire « disparaître des caractères et des défauts naturels. Une « race est améliorée, si les modifications qu'on lui a « communiquées se transmettent par la génération et « si les caractères primitifs originels ne reparaissent « que rarement. »

Le deuxième chapitre traite des encouragements accordés pour la multiplication et le perfectionnement des animaux domestiques, primes, courses, concours; il passe en revue les établissements créés dans ce but, tels que haras, dépôts d'étalons, bergeries, écoles vétérinaires et autres. Dans le *Moniteur agricole* (1848), l'opinion de l'auteur, conforme à celle de Mathieu de Dombasle, est bien nette; il démontre les avantages qu'il y aurait à remplacer l'administration des haras par un système de primes assez fortes et rationnellement distribuées pour encourager la multiplication des bons étalons ; en dépensant beaucoup moins qu'avec l'administration des haras, on mettrait, d'après lui, à la disposition des éleveurs un plus grand nombre d'étalons et des étalons plus en rapport avec les intérêts de l'élevage. Il y a quarante ans que notre collègue soutenait cette opinion et nous devons constater que rien n'a été changé au système en vigueur à cette époque.

Le chapitre trois, le plus important, traite des moyens d'améliorer les animaux : l'auteur distingue les qualités qu'on peut faire acquérir aux animaux en deux catégories, celles qui sont la conséquence de la fertilité du sol et du climat, et celles qui sont en quelque sorte indépendantes des influences hygiéniques : ces dernières peuvent être communiquées aux animaux par l'emploi des reproducteurs, par les appareillements et surtout par le croisement des races. Cette question des croisements a été traitée par notre collègue avec une prédilection marquée. Son opinion était que le croisement peut former des races fixes. « Il est généralement admis, « dit-il, que le croisement ne peut pas former des races, « que les métis ne possèdent pas la fixité nécessaire « pour transmettre par la génération les caractères, « qui les distinguent et qu'il faut dans les croisements « employer toujours des mâles de la race croisante. » Les faits démontrent, au contraire, que le croisement peut être utile pour créer des races semblables à celles que l'on croise, des races qui ne ressemblent à la race croisante que par un caractère ou par une qualité, en un mot des races conservant un double caractère ; ces races ainsi améliorées se conservent aussi bien que celles qui ont été formées par le régime. Pour conserver les unes et les autres, il faut leur donner des soins en rapport avec les qualités qu'elles possèdent. On peut dire que la fixité des races est en raison inverse de leur perfection et en raison directe de leur ressemblance avec les animaux, produit naturel de la contrée. Si l'on constate la dégénération des races perfectionnées, la cause en doit être cherchée dans le manque de soins et dans un défaut de l'alimentation.

Magne ne croyait pas qu'il fût nécessaire dans le croisement des races d'importer indéfiniment des types améliorateurs étrangers ; il avait bien compris l'utilité de ces types, car dans deux de ces Mémoires il avait fait connaître l'origine des races bovines et ovines perfectionnées en Angleterre, les circonstances dans lesquelles elles s'étaient formées et les conditions hygiéniques qui leur étaient nécessaires pour conserver leurs qualités ; mais, en même temps, il voulait faire comprendre aux cultivateurs français que l'élevage de ces races ne pouvait être avantageuse dans notre pays que dans des conditions rares et bien déterminées ; il conseillait la prudence alors qu'il s'agissait de les employer à croiser nos races françaises. Il ne manquait pas de signaler le danger qu'on courrait en voulant implanter des races de bétail étranger sur un sol impropre à leur fournir l'alimentation sans laquelle elles ne peuvent prospérer.

D'après lui la science a moins contribué que le sol et le climat à produire les races ovines perfectionnées que possède l'Angleterre. Notre maître avait su résister à l'engouement irréfléchi, dont les races récemment introduites à cette époque étaient l'objet, et il soutenait avec son bon sens habituel et son instinct de praticien qu'avant d'importer une race quelconque il faut produire de quoi la nourrir. Sa préférence bien marquée était en faveur de l'amélioration de nos races par elles-mêmes et l'expérience ne lui a pas donné tort.

Les autres parties de l'hygiène appliquée sont consacrées à l'étude de chaque espèce en particulier ; elles traitent du cheval. de l'âne et du mulet, du bœuf. du mouton, de la chèvre, du porc et même du lapin.

Elles sont divisées en chapitres, où l'auteur s'occupe du choix des animaux, de leur nourriture, de leur multiplication, de leur élevage et des soins qu'il faut leur donner.

C'est pour chaque espèce une véritable monographie ou l'auteur a condensé les notions acquises avant lui et le résultat de ses observations.

Le cours d'hygiène vétérinaire appliquée n'était, sous une nouvelle dénomination, que le cours ancien de multiplication et d'éducation des animaux domestiques ; vers 1855, on voulut encore innover et remplacer le nom en lui substituant celui de cours de zootechnie. Ce ne fut pas sans douleur que Magne vit ce néologisme remplacer le nom qu'il avait donné au cours qu'il professait depuis longues années ; mais il n'était pas dans son tempérament de récriminer violemment et il combattit une substitution, qu'il trouvait inopportune avec sa douceur ordinaire : « Je crois, disait-il

« en 1860, n'avoir été que l'interprète de l'opinion « presque unanime de nos confrères lorsqu'il y a un « quart de siècle j'ai donné à l'ouvrage, dans lequel « j'étudie la production et le perfectionnement des ani- « maux domestiques, le titre d'hygiène vétérinaire « appliquée et lorsque j'ai démontré que la science « aujourd'hui appelée zootechnie doit être rattachée « à l'hygiène, en un mot qu'il faut produire des amé- « liorations avant de les provoquer par la génération. »

En 1863, il se résignait et il disait : « Le mot zoo- « technie proposé par un savant que nos écoles sont « fières d'avoir compté au nombre de leurs élèves, « désigne, vous le savez, la partie de nos études qu'on « appelait autrefois cours de haras, cours d'éduca- « tion, cours d'élevage, cours de multiplication des « animaux domestiques, et que j'avais appelé hygiène « vétérinaire appliquée, parce que, dans son étude, on « fait des applications à la conservation et à l'amélio- « ration des diverses espèces domestiques des règles « de l'hygiène relatives aux terrains, à l'air, à la nour- « riture.

« Le mot zootechnie, à cause de la facilité de le bien « définir, ne saurait avoir de graves inconvénients : « c'est d'ailleurs un mot nouveau dont l'adoption ne « saurait entraîner aucun malentendu. » Et le cours de zootechnie fut.

Magne cependant, en acceptant le mot, ne voulut pas admettre que la zootechnie n'avait rien de commun avec l'hygiène, et depuis il a trouvé pour défendre son opinion des champions plus énergiques que lui et auxquels la polémique ne semble pas redoutable ; ceux-là prétendent que sous des noms nouveaux se cachent des idées anciennes et qu'en fait de netteté et de précision on n'y a pas beaucoup gagné. Quant à moi, fourvoyé à mon corps défendant dans ces questions spéciales, je n'aurai pas l'audace de prendre parti pour l'une ou l'autre opinion, mon incompétence est notoire et je n'ai qu'un rôle : faire ressortir les services que mon ancien maître a rendus à l'étude de l'hygiène générale et de l'hygiène appliquée, voire même de la zootechnie. Magne n'a pas fait en hygiène vétérinaire autre chose que ce que l'on y faisait avant lui, mais il a fait la même chose avec plus de perfection : telle est l'opinion d'un de ses élèves et j'ose le dire telle est la mienne.

Parmi les autres ouvrages qui ont valu à notre collègue une notoriété bien méritée, je citerai tout d'abord un volume in-12 intitulé *Choix et nourriture des vaches laitières*, qui est arrivé à sa dixième édition. Divisé en douze chapitres, cet ouvrage de 142 pages a pour but de faire connaître les signes permettant de connaître les qualités lactifères des vaches ; l'auteur s'est spécialement occupé de la valeur qu'offrent les épis et les écussons ainsi que de l'examen du système Guénon sans négliger les considérations résultant pour le choix d'une bête, de la race, de la généalogie et de l'âge. Il donne une classification des vaches laitières et les moyens de reconnaître leur âge ; dans un chapitre il discute les ruses des marchands, puis il donne des indications utiles pour la nourriture des bêtes, et pour leur reproduction ; deux chapitres sont consacrés à l'étude du lait et à ses altérations. Le succès obtenu par ce petit livre était mérité, car il était bien fait et d'une utilité incontestable.

En lisant les divers ouvrages de Magne, on a pu se convaincre qu'il avait fait de fortes études botaniques; il se plaisait à nous instruire théoriquement et pratiquement sur cette partie de son cours. A-t-il toujours trouvé des disciples bien attentifs, et, en cherchant des plantes, n'a-t-il pas parfois égaré des auditeurs? Les élèves de mon temps pourraient le dire et il doit leur rester le regret de n'avoir pas mieux profité de ses savantes leçons. La preuve de la compétence de Magne se trouve dans l'ouvrage qu'il a publié en 1863 (1) en collaboration avec M. Gillet, vétérinaire principal. Depuis, trois autres éditions ont confirmé le succès de cette publication.

Les auteurs se sont proposé, non pas de faire un ouvrage purement scientifique, mais un ouvrage qui, pouvant servir de *memento* aux botanistes, soit pour les élèves une introduction à des études plus complètes, et pour les cultivateurs un résumé de ce que l'observation et la science leur ont appris sur les propriétés des plantes. Ils ne se sont pas bornés à traiter des plantes nuisibles ou utiles, que le médecin, le vétérinaire, l'agriculteur ou le pharmacien ont intérêt à connaître, vu l'impossibilité de faire un choix rationnel.

---

(1) *Nouvelle Flore française*. Garnier frères, 1863.

Souvent des plantes qu'on peut croire les plus indifférentes peuvent, dans certaines circonstances, présenter de l'intérêt comme plantes nuisibles ou comme plantes utiles; en outre, pour l'herborisateur, il est utile de trouver toutes les espèces quand il veut déterminer la plante cherchée, et d'établir, avec l'aide du livre, des comparaisons. C'est la méthode de De Candolle qui a été suivie dans la classification de la *Flore française*.

Grâce à de nombreux dessins, œuvre des auteurs, et à l'aide d'un vocabulaire très clair, suivi d'un *Guide du botaniste*, l'ouvrage de Magne et Gilet restera un livre utile et classique.

Magne a fait paraître dans les journaux agricoles et vétérinaires de nombreux articles. Je vais énumérer les principaux.

En 1846, année de disette, la *Revue indépendante* publiait un Mémoire sur l'enseignement de l'agriculture et sur la production des subsistances; l'auteur soutenait la thèse, aujourd'hui généralement admise et même mise en pratique, qu'il fallait tout d'abord développer l'enseignement de l'agriculture et assurer la production des denrées alimentaires par la variété des cultures et par de bons assolements.

Déjà, en 1841, il avait, dans un autre Mémoire lu à la Société d'agriculture de Lyon (1), apprécié les divers systèmes de prix et de primes qu'on distribue pour encourager l'agriculture; dès cette époque, son opinion

---

(1) *Annales de la Société d'agriculture de Lyon*, 1841.

était que, de tous les encouragements, les plus efficaces, les seuls pouvant donner des résultats sérieux et capables d'empêcher les agriculteurs de se lancer dans de fausses voies, sont ceux qui ont pour but de provoquer l'extension de la culture des plantes fourragères. L'expérience sur ce point, comme sur beaucoup d'autres, lui a donné raison, et peut-être a-t-on même un peu dépassé la mesure en exagérant la production du bétail.

En 1855, le *Journal des Économistes* publia un article sur la liberté commerciale au point de vue de l'agriculture; ce travail avait pour but de démontrer que les tarifs de protection et les encouragements donnés par l'État ne peuvent profiter à la grande masse des agriculteurs. D'après l'auteur, les populations agricoles, formant la masse de la population française, paient par la voie de l'impôt les encouragements qu'on leur octroie. C'est en favorisant les progrès de la culture qu'il faut lutter contre la concurrence étrangère; c'est encore l'opinion de beaucoup d'esprits éclairés.

Magne était en avance sur son époque et même sur le temps présent, qui voit le régime de la protection triompher après que le régime contraire a provoqué des déceptions. Reste à savoir si la vérité ne se trouve pas dans une moyenne équitable, et si les doctrines trop absolues n'offrent pas des dangers au point de vue économique. Le temps seul en décidera.

La question de la substitution des droits d'octroi perçus au poids aux droits perçus par tête de bétail a été traitée par notre collègue dans les *Annales de la Société d'agriculture de Lyon* (1841). Il a démontré qu'en excluant des villes les animaux de petite taille par suite de la perception par tête, on poussait la production des animaux dans une mauvaise voie ; on encourage l'éleveur à produire de grands animaux dans des contrées qui n'en peuvent fructueusement entretenir que de petits.

Au double point de vue des populations urbaines et des pays de production, il y a avantage à faire payer les droits d'octroi d'après le poids des animaux.

Dans ses ouvrages, Magne avait étudié la fabrication des fromages et l'organisation des fruitières; il a, en outre, traité spécialement ces deux questions dans deux brochures publiées en 1840, dans les *Mémoires de la Société nationale d'agriculture*.

Je rappellerai la part importante qu'il prit, en 1857 et en 1858, à la discussion approfondie soulevée devant nous sur l'article 1641 du Code civil et sur la loi du 20 mai 1838, loi traitant de la garantie et des vices rédhibitoires en cas de vente des animaux domestiques. Son opinion était contraire à la promulgation d'une loi spéciale; il pensait, avec Urbain Leblanc, que l'article 1641 du Code civil donnait aux acheteurs des garanties suffisantes et que c'était à eux à se prémunir contre les fraudes des vendeurs. Le rôle de l'expert vétérinaire gagnait en importance en raison de l'extension de sa mission, et l'acheteur avait tout intérêt à se faire accompagner d'un conseil éclairé.

Depuis on a modifié la loi de 1838 en supprimant une partie des vices rédhibitoires qui y étaient inscrits, et on aurait pu être encore plus radical. C'était une preuve qu'on avait reconnu le danger des entraves apportées au commerce par le trop grand nombre de ces vices et par la durée exagérée des délais de garantie.

La *Revue des Deux-Mondes* a eu notre collègue pour collaborateur, honneur qu'elle a rarement accordé à un vétérinaire; c'est en 1870 qu'elle inséra un premier article de Magne intitulé « les Chevaux de l'armée » (1). Après avoir indiqué les provinces où se recrutent les deux catégories de chevaux destinés à l'armée, chevaux de trait et chevaux de selle, notre confrère signale les causes qui rendent difficile le recrutement de la cavalerie ; car jamais les chevaux de trait n'ont fait défaut au moment d'une guerre. Ce n'est pas seulement à l'époque actuelle qu'on en a ressenti l'influence ; cet état de choses existait déjà sous Louis XIV. Pour Magne, tous les moyens employés ont échoué, et il n'y a qu'un encouragement efficace, c'est l'achat régulier des produits à un prix rémunérateur, attendu que la consommation assurée fait seule la production et que l'industrie chevaline n'échappe pas à cette loi économique.

En 1871 (15 janvier) parut dans le même recueil un second article ayant pour titre « l'Hippophagie et l'Agriculture »; c'était un sujet de circonstance, car nous avions malheureusement essayé, abusé même à cette époque de la viande de cheval : sa consommation, dit l'auteur, remonte aux temps les plus reculés et elle

(1) *Revue des Deux-Mondes*, 15 octobre 1870.

continue à être en usage dans beaucoup de contrées, surtout dans les contrées froides des deux hémisphères.

La Société protectrice des animaux secondant Isidore Geoffroy Saint-Hilaire, a fait des efforts pour populariser l'usage de cette nourriture, et on peut dire qu'elle a obtenu un résultat favorable à deux points de vue, améliorer les conditions hygiéniques des classes pauvres et diminuer les souffrances des chevaux devenus incapables de rendre des services. M. Magne, partisan de l'hippophagie, y voit d'autres avantages, il pense que l'usage de la viande de cheval peut devenir un puissant encouragement pour la production chevaline et qu'il en peut résulter de curieuses modifications économiques dans les exploitations rurales et dans beaucoup d'établissements industriels. Jusqu'à présent, l'hippophagie n'a pas produit ces modifications, il faudrait pour les amener que la consommation prît de grandes proportions et que la valeur des chevaux de boucherie fût plus élevée.

Dans la même revue (1871, 1er avril), notre confrère publia un troisième article sur la peste bovine ; il faisait l'historique des diverses épizooties qui ont sévi en Europe, il décrivait les symptômes de la peste bovine, et il indiquait les mesures de police sanitaire capables de prévenir son développement et son retour.

A l'occasion de l'emploi du hache-paille et du concasseur pour préparer la nourriture des chevaux, Magne a démontré que l'usage des fourrages hachés et des grains concassés, tel qu'il était pratiqué en 1866 dans de grandes administrations, avait donné de mauvais résultats. On venait en effet d'en faire la triste expérience et, malgré un travail d'un de nos plus éminents collègues favorable à ce mode d'alimentation, on avait dû y renoncer.

Il ne suffit pas en effet de diviser les aliments pour accroître leur valeur nutritive, et il résulte de leur ingestion à l'état de division des inconvénients graves ; ce qui était vrai en 1866 l'est encore en 1888, les frais de manipulation dépassent le très faible accroissement de valeur nutritive, s'il en existe toutefois. On peut tout au plus admettre l'utilité du hache-paille et du concasseur, lorsqu'il s'agit de faire servir à l'alimentation des fourrages grossiers ou des grains trop durs pour être broyés par les dents des solipèdes. Donc en défendant cette thèse, Magne était dans la vérité pratique ; en était-il de même lorsqu'il proposait de substituer le maïs à l'avoine pour la nourriture des chevaux ?

Déjà il avait un des premiers signalé l'utilité d'employer des corps gras pour la nourriture des chevaux : dès 1859 et en 1860 il avait dans divers articles, publiés dans les journaux de Lyon et de Toulouse, soutenu cette opinion, que Delorme d'Arles combattait dans une certaine mesure en traitant au point de vue pratique de la composition des rations, qu'on doit donner aux chevaux de travail. Magne affirmait qu'on peut substituer à l'avoine, en partie au moins, tous les aliments connus pourvu que la ration modifiée contienne des aliments azotés et des corps gras, suivant des proportions fixées par lui, et il donnait la formule de ces rations où le maïs, les fèveroles et le son remplaçaient en partie l'avoine. Delorme affirmait que des chevaux faisant un service actif et régulier au trot seraient incapables de résister à la fatigue, sans recevoir une quantité d'avoine variable, suivant la nature de leur service, et que la substitution proposée présentait des dangers. La polémique fut longue mais courtoise, ce qui est rare quand elle se prolonge, et chacun conserve son opinion, ce qui est habituel. Notre collègue persista donc à soutenir que la composition chimique du maïs le rendait propre à remplacer l'avoine, quand le prix de cette denrée était trop élevé relativement à sa valeur nutritive; vingt années après la production de ses idées, il se félicitait de les avoir vues triompher en voyant de grands établissements supprimer à peu près l'avoine pour donner du maïs. A-t-il eu raison?

L'opinion n'est pas unanime sur ce point, et je pense que sur cette question comme sur bien d'autres il ne faut pas être absolu ; un aliment donné dans des proportions modérées, peut à la rigueur être substitué pour des raisons économique à un autre qui a fait ses preuves; dès qu'on les dépasse on obtient des résultats défavorables et j'ai la conviction que la doctrine des équivalents chimiques n'est pas sans inconvénient quand on la fait passer dans la pratique.

En 1874, parut chez Garnier frères un volume intitulé « Médecine vétérinaire rurale », œuvre de vulgarisation et qui a tout au moins le mérite de rappeler aux lecteurs la nécessité d'appeler le vétérinaire afin d'éviter les erreurs de diagnostic et de ne pas donner des remèdes parfois dangereux.

Le volume renferme la description des maladies, qui affectent les animaux domestiques et l'énumération des remèdes qu'il faut employer pour les guérir ; ce qui est plus utile, c'est l'indication des causes qui les produisent et des moyens capables d'en empêcher la naissance. Le but de l'auteur n'est donc pas de faire du propriétaire d'animaux un empirique, mais uniquement de lui donner le moyen de connaître la nature du mal et d'apporter les premiers soins en attendant la venue du médecin.

L'année suivante, le même éditeur publia un volume sur l'*Organisation de l'enseignement professionnel* où l'auteur demande que l'enseignement primaire soit essentiellement scientifique de manière à servir de préparation à l'enseignement technique ; partisan de la liberté, il essaie de démontrer que les professions les plus intéressantes, la médecine entre autres, ne répondront au besoin de la science moderne que lorsque l'enseignement professionnel sera complètement libre dans la partie préparatoire comme dans la partie technique ; mais il distingue la liberté de l'enseignement, de l'exercice des professions, question qu'il évite de résoudre.

Pour nous il est facile de le faire, et nous avons toujours pensé qu'on ne pouvait exercer une profession sans avoir donné des preuves de capacité, et qu'au diplômé il fallait la sanction de ses travaux et la protection de la loi ; espérons que nous verrons enfin adopter celle que nous attendons depuis si longtemps.

Magne a fait paraître, dans le *Dictionnaire des arts et manufactures, de l'agriculture et des mines*, un mémoire sur les races de moutons sur leurs caractères et sur leur amélioration ; dans ce travail il apprécie les diverses qualités de laine et il prouve qu'il serait important d'améliorer nos races communes au point de vue de la quantité et de la qualité de ce produit ; on obtiendrait d'après lui ce résultat assez aisément en croisant les races communes avec des reproducteurs appartenant à des troupeaux choisis, qui ne sont pas rares dans beaucoup de départements. Dans un remarquable rapport fait à l'occasion de l'exposition de 1867 sur les bêtes à cornes, il apprécie et compare la valeur des races françaises et celle des races étrangères en insistant sur ce point que la grande aptitude à la précocité et à l'augmentation du poids en viande n'exclut pas l'aptitude à donner de riches toisons ; il engage les agriculteurs à s'en tenir à leurs bonnes et excellentes races sans imiter ni les Anglais qui ne rêvent qu'à faire de la viande, ni les Allemands qui s'attachent exclusivement à produire de la laine de choix.

Notre collègue, tout en se consacrant spécialement à l'étude de l'hygiène prise dans son sens le plus étendu, ne s'est jamais désintéressé des questions médicales; il est facile de s'en convaincre en lisant les notes qu'il a publiées sur la castration, sur les casseaux à vis, sur la peste bovine et sur la fièvre aphteuse.

Les questions économiques l'occupaient également;

j'ai déjà parlé de ses tendances antiprotectionistes; dès 1848, il faisait paraître une brochure sur l'utilité du crédit foncier et des bons hypothécaires institués dans le but de diminuer les impôts; sous forme d'une lettre adressée à M. Woloski, traitant de l'importance du numéraire, il s'attachait à démontrer que l'abondance de la valeur circulante favorise les relations commerciales et en général la production des richesses; il faisait ressortir l'utilité de rendre meuble une partie de la valeur d'une propriété sans en diminuer l'usage. Toutes ces questions ne sont pas encore résolues et l'agriculture aurait bien besoin du crédit rural.

Magne a aussi traité, dans le *Bulletin de la Société nationale d'agriculture* (1875), la question des assurances contre la mortalité des bestiaux; après avoir rappelé le peu de succès qu'ont obtenu les sociétés créées dans ce but, il en démontre la cause et il conclut que le propriétaire doit rester son propre assureur.

Je termine ici l'exposé des travaux auxquels Magne a consacré sa vie; vous avez pu juger si elle a été bien remplie et si jamais il a dévié du programme qu'il s'était tracé en entrant à l'École de Lyon. Professeur dévoué avant tout à son enseignement, collègue bienveillant, maître toujours indulgent, notre regretté collègue était le modèle des vertus domestiques; il avait eu le rare bonheur de choisir, pour partager sa vie, une femme aussi distinguée par ses vertus qu'éminente par ses qualités et par son intelligence. Elle fut pour lui un collaborateur précieux et dévoué aussi bien qu'une compagne fidèle jusqu'à son dernier jour; alors que la maladie l'avait frappé à diverses reprises, elle resta à ses côtés, lui prodiguant ses soins et ses consolations. Mon devoir était de lui rendre une justice méritée et d'honorer son souvenir.

Bientôt la mort a réuni ceux qu'une longue existence avait toujours trouvés côte à côte, fidèles à leurs serments. Puisse l'hommage que nous tous, ses collègues et ses élèves, rendons à Magne, atténuer la douleur de ses fils éprouvés par ce double deuil.

94580 Paris. — Typographie et Lithographie A. Maulde et Cie, r. de Rivoli, 144.

www.ingramcontent.com/pod-product-compliance
Ingram Content Group UK Ltd.
Pitfield, Milton Keynes, MK11 3LW, UK
UKHW021529260726
13993UKWH00004B/1884